Wolfgang Moneymaker

Millionär durch die Börse

Die besten ETF Strategien

Bibliografische Information der Deutschen Bibliothek: Die Deutsche Bibliothek verzeichnet diese Publikation in der Deutschen Nationalbibliographie; detaillierte bibliographische Daten sind im Internet über http://dnb.ddb.de abrufbar.

© 2019 Wolfgang Moneymaker
Herstellung und Verlag:
BoD - Books on Demand GmbH
Norderstedt
ISBN 9783735787484
Umschlagbild:
Villa Ephrussi de Rothschild
St-Jean-Cap Ferrat
Foto: Wolfgang Moneymaker

Inhalt

Die besten Börsenspekulanten   4

Der größte Börsenkrach   10

Das Sicherheitsnetz an der Börse   15

Grundkenntnisse über die Börse   22

Die besten ETF Strategien   31

Grundfehler der Aktionäre   40

Die besten Börsenspekulanten

Liebe Laura,

in deinem Brief hast du mich gefragt, welche Argumente für die Börse sprechen. Ich erkläre dir zunächst, was gegen sie spricht:
Die Börse, welche ihren Namen einem nach der Patrizierfamilie 'van der Beurse' benannten Platz in Brügge verdankt, auf dem Händler aus ganz Europa ihre Waren tauschten, hat in allen Sprachen einen weiblichen Artikel. Sie ist eine sehr kapriziöse Dame, launisch und völlig unberechenbar, manchmal himmelhoch jauchzend, in der Börsensprache die 'Hausse', dann wieder zu Tode betrübt, in der Börsensprache die 'Baisse', rasch verschnupft durch politische Ereignisse, auch wenn diese auf der anderen Seite des Erdballs geschehen, immer neugierig auf positive und negative Gerüchte der Börsenkulisse, die sie mit steigenden und sinkenden Kursen quittiert.
Solltest du dich entschließen, mit dieser Dame ins Geschäft zu kommen, hast du als Frau einen Bonus:

Die Statistik zeigt, dass Frauen an der Börse im Durchschnitt mehr Erfolg als Männer haben, da sie sicherheitsorientierte Anlagestrategien bevorzugen, während Männer eher zu risikoreichen Spekulationen tendieren.

Anstatt dich nun mit einer Abhandlung über die Mechanismen der Börsenspekulation zu langweilen, erzähle ich dir lieber die Erfolgsstory der zwei besten Börsenspekulanten:

Benjamin Graham begann als 20-Jähriger seine Laufbahn an der Wall Street. Für 12 Dollar pro Woche schrieb er die Aktienkurse auf eine Tafel. Als 25-Jähriger hatte er bereits ein Jahreseinkommen von 600 000 Dollar. 1934 schrieb er seinen Bestseller 'Wertpapieranalyse', in dem er die von ihm entwickelte 'Valuestrategie' erklärte. Unter Berücksichtigung dieser Strategie investierte er 1948 ein Viertel seines Vermögens in die Versicherungsfirma Geico. Mit dieser Investition machte er in den folgenden acht Jahren einen Gewinn von 1635 % ! Während 30 Jahren erzielte er mit der 'Valuestrategie' einen durchschnittlichen Jahresgewinn von 17 %. Aus 10 000 Dollar wurden 1 110 000 Dollar. Von

1928 bis 1957 hielt er an der Columbia Universität Vorlesungen. Es gab nur einen Schüler, dem er die Bestnote A + erteilte: **Warren Buffett**. Dieser kaufte im Alter von 11 Jahren die ersten drei Aktien. Ab 1954 arbeitete er in der von seinem Lehrer Graham gegründeten Brokerfirma. Als sich Graham ins Privatleben zurückzog, sammelte Buffett bei seinen Verwandten 105 000 Dollar und gründete einen privaten Anlagepool, der von 1956 bis 1969 eine durchschnittliche Jahresrendite von 29,5 % erzielte. Mit Hilfe der von seinem Lehrer Graham übernommenen 'Valuestrategie' machte Buffett die ihm vertrauenden Investoren zu Multimillionären. 1998 besaß jeder, der ihm 1956 10 000 Dollar anvertraut hatte, die stattliche Summe von 150 Millionen Dollar! Warren Buffet hat mit Aktienspekulationen ein Vermögen von etwa 86 Milliarden Dollar erworben. Die Aktien seiner Kapitalanlagegesellschaft 'Berkshire Hathaway' sind mit einem Preis von derzeit 300 000 USD pro Aktie die teuersten Aktien der Welt. Im Gegensatz zu anderen berühmten Spekulanten macht Buffett aus seinen Aktienkäufen kein Geheimnis. Sie werden publiziert und von ihm kommentiert. Dadurch ist er in Amerika zum Guru für Millionen Kleinanleger geworden, die jede seiner Kaufentscheidungen nachvollziehen,was sich natürlich positiv auf den Kurs der von ihm empfohlenen Aktien auswirkt.

Obwohl er mit einem Privatvermögen von 86 Milliarden Dollar einer der reichsten Männer der Welt ist, lebt er in der Stadt Omaha immer noch im gleichen Haus, das er 1958 für 31 000 Dollar erwarb. Er fährt einen Mittelklassewagen und gönnt sich nur einmal wöchentlich ein gutes Essen im Steakhaus.

In einem Interview mit dem US Magazin 'Fortune' gab er am 25. Juni 2006 bekannt, dass er 85 % seines Vermögens für wohltätige Organisationen und die medizinische Forschung spenden wird; dreißig Milliarden davon für die Stiftung seines Freundes Bill Gates.

Warum habe ich dir diese Erfolgsstory erzählt? Sie verdeutlicht besser als ein Börsenseminar: Die effektivste Methode der Börsenspekulation besteht darin, mit Geduld eine gute Anlagestrategie – in diesem Fall die 'Valuestrategie' – zu verfolgen. In einem weiteren Brief werde ich dir nähere Informationen über die

'Valuestrategie' geben.

Um dir bewusst zu machen, dass du dich als Spekulantin keineswegs in einer anrüchigen sondern der besten Gesellschaft befindest, stelle ich dir zum Schluss einige prominente Spekulanten vor:

Der römische Philosoph Cicero, welcher durch Immobilienspekulationen ein beträchtliches Vermögen erwarb, gelangte zu zwei Erkenntnissen, die bis heute ihre Gültigkeit bewahrt haben: Das Geld ist die Basis der Republik und die Spekulation das Sprungbrett zu einem grossen Vermögen.

Der französische Schriftsteller Voltaire, ein leidenschaftlicher Spekulant, ließ durch Strohmänner alle Lose der französischen Staatslotterie aufkaufen, da er ausgerechnet hatte, dass die Summe der Lotteriegewinne erheblich größer war als der Gesamtpreis für den Kauf aller Lose. Er wurde durch diesen Coup sehr reich, der Lotteriedirektor jedoch fristlos entlassen.

Weitere berühmte Spekulanten waren zum Beispiel der Maler Gauguin, die Schriftsteller Balzac und Beaumarchais sowie der englische Nationalökonom Lord Keynes, unter dessen Portrait die britische Regierung den folgenden Text schreiben ließ:

'John Maynard Lord Keynes, dem es gelungen ist, sich ohne Arbeit ein Vermögen zu schaffen.'

In den nächsten vier Wochen kannst du mich nicht erreichen, da ich eine Rundreise durch Kalifornien mache.

Der größte Börsenkrach

Lieber Wolfgang,

während deiner Kalifornienreise habe ich mich durch Bücher über Börsengeschäfte informiert. Dabei wurde mir klar: die Börse hat zwei Gesichter: ein freundliches, das sie Graham und Buffett gezeigt hat, und ein unfreundliches, mit dem zahlreiche Börsianer konfrontiert wurden. Einer davon schrieb:
'An der Börse kann man ein kleines Vermögen machen, indem man ein großes Vermögen investiert.'
Die Börse hat sich immer wieder als gigantische Geldvernichtungsmaschine erwiesen. 1929 kam es an der Wall Street zum größten Börsenkrach der Geschichte, welcher eine weltweite Wirtschaftskrise und langjährige Rezession bewirkte.
Dem Börsenkrach ging in den 'goldenen Zwanzigerjahren' ein noch nie erlebter Börsenboom voraus. Alle Bevölkerungsschichten wurden vom Spekulationsfieber angesteckt. Heiße Aktientipps waren noch gefragter als der durch die Prohibition verbotene Alkohol.

Chauffeure hörten nur mit einem Ohr auf den Verkehr, mit dem anderen versuchten sie einen Börsentipp ihrer Fahrgäste aufzuschnappen. Der Kammerdiener eines Maklers verdiente eine viertel Million mit dem Tipp seines Herrn. Einer Krankenschwester bescherte der Tipp eines dankbaren Patienten 30 000 Dollar. Eine Schauspielerin schmückte ihre Wohnung mit den grafischen Darstellungen steigender Aktienkurse. General Electric stieg in einem Jahr um 300 %, Radio Corporation um 400 %.

God's own country war von dem Wahn erfasst, dass die Abschaffung der Armut unmittelbar bevorsteht und danach ein neues Zeitalter des 'ewigen Wohlstands' beginnt.

Die ganze Dramatik des Börsenkrachs, der vom 24. Oktober 1929, dem sogenannten 'Schwarzen Freitag', seinen Namen erhielt, wird durch den Kursverlauf des Dow-Jones-Index deutlich: Bei der ersten Notierung im Jahr 1896 hat der Index 41 Punkte. Bis 1927 steigt er auf 100 Punkte. Durch eine überhitzte, teilweise mit Bankkrediten finanzierte Börsenspekulation vervierfacht sich der Index innerhalb von 2 Jahren und erreicht im September 1929 den Rekordhöchststand von 381 Punkten. Die sich in diesem Höchststand ausdrückenden, Schwindel erregenden Aktienkurse liegen weit über dem wirklichen Wert der Unternehmen. Irving Fisher, Professor an der Yale University, erwirbt eine traurige Berühmtheit, indem er am 16. Oktober erklärt:

"Es sieht so aus, als ob die Aktien ein dauerhaftes Hochplateau erreicht haben."

Innerhalb der nächsten drei Tage kommt es zu einem Absturz der Aktienkurse von diesem Hochplateau verbunden mit einem Wertverlust des Dow-Jones-Index um 15 %. Am 23. Oktober fällt der Index auf 300 Punkte. Am folgenden Tag, dem 'Schwarzen Freitag' sinkt der Gesamtwert aller an der Wall Street notierten Unternehmen um 11 Milliarden Dollar. Am Montag fällt der Index auf 260 Punkte. Am Dienstag verliert er weitere 12 % und ist damit bereits 39 % unter den Höchststand im September gefallen. Am 15. November sinkt er auf 180 Punkte und im Sommer 1932, nach einem Gesamtverlust von 89 % auf jene 41 Punkte, die er am ersten Tag seiner

Notierung besaß.

Die Aktienkurse der großen amerikanischen Firmen stürzen in den Abgrund: Radio Corporation von 115 auf 3 ½, General Electric von 220 auf 20.

In der amerikanischen Statistik spiegelt sich der Börsencrash folgendermaßen: über 123 000 erfolgreiche Spekulanten, die einen Luxuswagen besassen, mussten auf die U-Bahn umsteigen. Über 9000 Banken erklärten als Folge des Börsenkrachs ihren Konkurs. Die amerikanische Legende vom Tellerwäscher, der zum Millionär aufsteigt, spielte sich immer häufiger in umgekehrter Richtung ab. Millionen Aktionäre in Amerika und Europa wurden bettelarm, hatten jedoch größte Schwierigkeiten, noch Reiche zu finden, bei denen sie betteln konnten.

Die steigende Zahl von Selbstmorden inspirierte den amerikanischen Komiker Will Rogers zum folgenden Gag:

"In New York hat sich die Lage dahingehend entwickelt, dass der Hotelportier neu ankommende Gäste fragt:

'Wollen Sie einen Raum zum schlafen oder zum aus dem Fenster springen?'"

Da ich als Vertreterin des sicherheitsorientierten Geschlechts viel Wert darauf lege, gut zu schlafen, wirst du verstehen, dass ich mich nicht entschliessen kann, in den überwiegend aus risikofreudigen Männern bestehenden Club der Aktionäre einzutreten.

Das Sicherheitsnetz an der Börse

Liebe Laura,

dein Brief, den ich nach meiner Rückkehr von Kalifornien vorfand, soll unverzüglich beantwortet werden.
Ich kann verstehen, dass der Absturz des Dow-Jones-Index zwischen 1929 und 1932 auf den Ausgangswert von 1896 dein Vertrauen in die Börse erschüttert hat. Die weitere Entwicklung des Dow-Jones-Index ist jedoch eine Erfolgsstory: 1954 erreicht er wieder den Stand von 1929. Im Jahr 1972 durchbricht er die Schallmauer von 1000 Punkten, klettert im Januar 1987 über 2000 Punkte, überspringt 1992 die Hürde von 3000 Punkten und steigt danach bis 2019 auf über 26 500 Punkte. Die Langzeitbetrachtung zeigt also einen steilen Anstieg des Index, obwohl dieser immer wieder durch Börsencrashs unterbrochen wurde. Börsenboom und Börsencrash sind zwei Seiten derselben Medaille. Börsenaltmeister Kostolany:

'Kein Börsenkrach, kein Knall, dem nicht ein Boom vorausgegangen wäre und kein Boom, der nicht mit einem

Börsenkrach endet.'

Von einem Börsianer stammt der Ausspruch:

"Vor dem Crash wird nicht geklingelt."

Es gibt jedoch ein Alarmzeichen vor dem Börsencrash: die so genannte 'Hausfrauen - Hausse'.

Damit ist gemeint, dass Leute ohne die geringste Ahnung von Aktien in die Börsenspekulation einsteigen. Der amerikanische Milliardär **John Rockefeller** hatte offensichtlich ein feines Gespür für dieses Warnzeichen. Er verkaufte wenige Wochen vor dem 'Schwarzen Freitag' alle Aktien, da ihm ein Schuhputzer mehrere Aktientipps gegeben hatte.

Aufgrund der Erfahrung des 'Schwarzen Freitag' stellten die Börsen eine neue Regel auf, um eine lawinenartige Verkaufswelle, die 1929 alle Aktienkurse in den Abgrund riss, zu verhindern: Bei extremen Kursverlusten wird der Handel an den Börsen ausgesetzt. Dieser Strategie ist es zu verdanken, dass keiner der späteren Börsencrashs mehr dieselben verheerenden Folgen hatte wie der 'Schwarze Freitag'.

Die Frankfurter Börsianer bewiesen nach dem Börsenkrach von 1987 durch das

folgende Gedicht, dass sie trotz heftiger Kursverluste ihren Humor nicht verloren hatten:
> Meine Finanzen sind zerrüttet.
> An der Börse hat's gekracht.
> Da hab ich aus meinen Aktien
> den Kindern Drachen gemacht.
> Ich zog mit ihnen zu Felde,
> wo sanft die Lüfte wehen.
> Dort konnt ich meine Aktien
> noch einmal steigen sehen.

Vielleicht kann ich dein verlorenes Vertrauen in die Börse zurückgewinnen, indem ich dir das DAX Rendite Dreieck des Deutschen Aktien Instituts (DAI) vorstelle. Dieses Dreieck zeigt die jährlichen Durchschnittsrenditen, die ein dem DAX nachgebildetes Wertpapierdepot erwirtschaftet hätte, wenn es in einem beliebigen Jahr zwischen 1983 und 2006 gekauft und in einem beliebigen späteren Jahr verkauft worden wäre.

Das Dreieck besteht aus 300 Feldern. Gewinne sind als blaue Felder, Verluste als rote Felder dargestellt. Bei 87 % der Felder handelt es sich um blaue Gewinnfelder, nur bei 10 % um Verlustfelder. Ich hoffe, dass du aufgrund der wenigen roten Verlustfelder in Zukunft weniger rot siehst, wenn du das Wort 'Aktien' hörst.

Man kann den Aktienspekulanten mit einem Seiltänzer vergleichen. Wenn dieser abstürzt, wird sein Leben durch das Sicherheitsnetz gerettet. Wenn die Aktienkurse abstürzen, wird das Vermögen des Spekulanten größtenteils gerettet, wenn dieser klug genug war, ein Sicherheitsnetz aufzuspannen. Dieses Sicherheitsnetz besteht aus den folgenden 7 goldenen Regeln:

1. Lege nur einen Teil deines Vermögens in Aktien an. Der Anteil am Wertpapierdepot berechnet sich nach der Formel: Aktienanteil in % = 100 minus Lebensalter.

2. Kaufe Aktien nur mit Geld, das du über einen längeren Zeitraum nicht benötigst.

3. Investiere dein Kapital in eine größere Zahl verschiedener Aktienfonds aus verschiedenen Branchen.

4. Lege die meisten Aktiengewinne in sicheren Wertpapieren an. Wenn alle Gewinne wieder in Aktien investiert werden, geht im Fall eines Börsencrashs ein großer Teil der Gewinne verloren.

5. Realisiere die erzielten Aktiengewinne.

Man sollte stets daran denken: Die Börse ist keine Einbahnstraße. Buchgewinne auf dem Papier sind nur geliehenes Geld, das beim nächsten Kursverlust zurückgezahlt werden muss.

6. Kaufe niemals Aktien mit Hilfe von Bankkrediten.

7. Halte deine Verluste klein, indem du die Aktie im Fall eines Kursverlustes so rasch wie möglich verkaufst. Eine bewährte Börsenregel lautet: Kursgewinne laufen lassen, Kursverluste klein halten. Zum Ausgleich eines Verlustes von 50 % ist eine Kurssteigerung von 100 % notwendig!

Um mein 'Börsenseminar' etwas aufzulockern, erzähle ich dir abschließend eine Anekdote über den Berliner Bankier Carl Fürstenberg, der durch seine geistreichen Bonmots berühmt wurde:

Aufgrund höchster Protektion hatte Fürstenberg für die Fahrt von Warschau nach Berlin ein Abteil im Schlafwagen der ersten Klasse bekommen. Als der Zug anfuhr, stürzte Herr M., ein Berliner Unternehmer, den der Bankier kurz zuvor bei einem Geschäftsessen im Hotel Adlon kennen gelernt hatte, auf ihn zu:

"Herr Fürstenberg, ich sehe gerade, Ihr

Oberbett ist frei. Ich zahle Ihnen jeden Preis, wenn Sie es mir überlassen."

In diesem Moment erinnerte sich Fürstenberg, dass Herr M. beim Essen laut geschmatzt hatte, was in ihm die Assoziation eines noch lauteren Schnarchens weckte. Nachdenklich blickte er ihn an und sagte:

"Ich will mir den Vorschlag überschlafen."

Als der Zug am Morgen im Grenzbahnhof hielt, wachte er durch das Quietschen der bremsenden Räder auf. Er hörte die schneidende Stimme des Zollbeamten:

"Grenzstation, Passkontrolle!"

Einem menschlichen Bedürfnis folgend verließ er das Abteil. Übermüdet und bleich saß Herr M. auf seinem Koffer.

"Wenn ich Sie so sitzen sehe, tut es mir nachträglich leid, Ihnen mein Oberbett nicht angeboten zu haben", sagte Fürstenberg.

"Die Nacht war ja nicht so schlimm. Viel schlimmer ist, dass der Zollbeamte mich soeben zusammengestaucht hat, weil ich gestern vergaß, meinen Pass an der Hotelrezeption abzuholen. Dieser sture Zollbeamte ist weder durch meine

Bitten noch durch ein Bestechungsangebot in Schwindel erregender Höhe zu bewegen, mich nach Deutschland einreisen zu lassen."

In diesem Augenblick kam der Zollbeamte aus einem benachbarten Zugabteil. Der Bankier ging zu ihm und sagte einige Worte. Danach kam der Beamte und tippte mit dem Finger an seine Mütze.

"Sie können einreisen."

Herr M. wäre dem Bankier am liebsten um den Hals gefallen. Er ging zu ihm und drückte seine Hand.

"Herzlichen Dank, Herr Fürstenberg. Aber was haben Sie denn zu diesem sturen, preußischen Beamten gesagt?"

"Ich habe ihm einen dienstlichen Befehl erteilt und er hat geantwortet: 'Ja, wenn es ein dienstlicher Befehl ist.'

Grundkenntnisse über die Börse

Liebe Laura,

ich freue mich, dass du aufgrund meines letzten Briefes doch in die Börse einsteigen möchtest.
Du schreibst: 'Ich habe wenig Ahnung von Aktien.' Nach einer Umfrage befindet sich über die Hälfte aller Deutschen in diesem Tal der Ahnungslosen.Deshalb war die Aktionärsquote in Deutschland 2016 mit 6 % sehr niedrig (Schweden 19 %, Schweiz 20 %, England 23 %, USA 25 %, Niederlande 30 %) und von den rund 6,1 Billionen €, welche die deutschen Sparweltmeister 2017 auf die hohe Kante gelegt haben, wurden nur 7,3 % direkt in Aktien angelegt. Langfristig erzielen Aktien jedoch mehr Gewinn als alle anderen Kapitalanlagen. Die durchschnittliche Rendite der Aktien lag in den letzten 50 Jahren 2 % über der durchschnittlichen Rendite von festverzinslichen Wertpapieren. Bei einem kurzfristigen Anlagezeitraum hat dieser Zinsunterschied nur eine geringe Auswirkung auf die erzielbaren Endbeträge. Langfristig jedoch ist aufgrund des

Zinseszinseffekts der Unterschied sehr groß. Der Endbetrag einer Anlage mit 9 % Rendite übertrifft den Endbetrag einer Anlage mit 7 % Rendite in 10 Jahren um 40 %, in 20 Jahren um 173 % und in 30 Jahren um 565 %.

Die Börse ist ein wichtiger Motor der Wirtschaft und der Ort, an dem sich Geldgeber (die Aktionäre) und Geldempfänger (die Unternehmer) treffen. Diese erhöhen ihr Kapital durch die Umwandlung des Unternehmens in eine Aktiengesellschaft; die Aktionäre können von den Gewinnausschüttungen der Unternehmen und den steigenden Aktienkursen profitieren.

Durch den Kauf einer Aktie wird der Anleger Miteigentümer des Unternehmens. In dieser Eigenschaft ist er bei einer guten Entwicklung der Firma an ihrem Gewinn beteiligt, bei einer schlechten Entwicklung auch am Verlust.

Ein 'Aktienindex' wird aus einer grösseren Zahl von Aktien gebildet Die 30 größten deutschen Aktiengesellschaften bilden zusammen den Deutschen Aktienindex (Abkürzung DAX); die dreißig größten amerikanischen Gesellschaften den Dow-Jones - Index.

Ein 'Indexzertifikat' ist eine Beteiligung an allen Aktien eines Index. Das DAX Indexzertifikat ist also eine Beteiligung an allen 30 Aktien des DAX Index. Der Kurswert des DAX Indexzertifikats ergibt sich aus den Kursen der 30 DAX Aktien. Ein großer Vorteil eines Indexzertifikats ist die Verminderung des Kursrisikos durch die Beteiligung an einer großen Aktienzahl.

Ein Nachteil der Indexzertifikate: Wenn die Bank, welche das Indexzertifikat ausgegeben hat, Konkurs macht, fallen die Indexzertifikate unter die Konkursmasse, wodurch dem Anleger erhebliche Verluste drohen.

Bei einem **ETF** (englisch: Exchange Traded Fund / an der Börse gehandelter Fonds) handelt es sich um einen Fonds, der die Kursentwicklung eines Index abbildet. Beispiel: Ein auf dem DAX basierender ETF bildet die Kursentwicklung des DAX ab. Der Wert des ETF beträgt 1/10 oder 1/100 des DAX Kurses. Wenn der DAX Kurs bei 10 000 liegt, beträgt der Wert des ETF 1/10 = 1000 € oder 1/100 = 100 €.

Ein ETF bietet die Möglichkeit, durch

den Kauf eines einzigen ETF in alle Aktien eines Index zu investieren.

Die ETF werden an der Börse gehandelt und können daher jederzeit über die Börse gekauft und verkauft werden.

Die Verwaltungsgebühr ist bei einem ETF viel niedriger als bei einem aktiv verwalteten Fonds. Das folgende Beispiel veranschaulicht den großen Einfluss der jährlichen Verwaltungskosten: Ohne jährliche Verwaltungskosten vermehren sich Fondsanteile in Höhe von 10 000 € bei einer Rendite von 8% in 30 Jahren auf 100 626 €. Bei einer jährlichen Verwaltungsgebühr von 2,5 % bleiben dem Anleger nach 30 Jahren nur noch 49 839 €.

Die Dividenden der im ETF enthaltenen Aktien werden entweder an die Fondsbesitzer ausgeschüttet oder wieder in den Fonds investiert.

Das von den Anlegern in den ETF investierte Geld bildet ein Sondervermögen, das vom eigenen Vermögen der Kapitalanlagegesellschaft getrennt gehalten werden muss. Diese Trennung dient dem Schutz der Anleger vor dem Verlust ihrer Gelder. Im Fall eines Konkurses der Bank, welche den ETF ausgegeben hat, fällt der ETF nicht unter die Konkursmasse. Der Kunde kann den ETF auf eine andere Bank übertragen lassen.

Beim Kauf des ETF gibt man entweder den Auftrag, "billigst" zu kaufen oder man nennt ein Limit d.h. den Kurs, welchen man maximal bezahlen möchte. Beim Verkauf gibt man entweder den Auftrag, "bestens" d.h. zum höchstmöglichen Preis zu verkaufen oder man setzt ein Limit d.h. man nennt den Kurs, welchen man mindestens erhalten möchte.

Der Auftrag ist entweder nur am Tag der Auftragserteilung gültig ("tagesgültig"), oder er soll bis zum Monatsende gelten ("gültig bis ultimo").

Beim Aufbau eines ETFpakets gibt es zwei Möglichkeiten. Man kann jeden Monat eine gleich große Zahl von ETFs kaufen oder man kann jeden Monat einen gleich großen Geldbetrag für den Kauf von ETFs ausgeben. Ich empfehle dir die zweite Vorgehensweise: Wenn du monatlich einen gleich großen Betrag für ETFs ausgibst, werden im Fall steigender Kurse weniger ETFs pro Monat gekauft, im Fall sinkender Kurse jedoch mehr ETFs. Dadurch wird ein günstigerer Kaufpreis erzielt als beim Erwerb einer gleich großen Zahl von ETFs pro Monat.

'Dividende' nennt man den Teil des Gewinns, welchen ein Unternehmen an seine Aktionäre ausschüttet. Die Berechnung der Dividendenrendite ist sehr einfach:

Dividendenrendite in % = Dividende : Aktienkurs x 100.

Die Dividendenauszahlung erfolgt am Tag nach der Hauptversammlung. Jeder Aktionär, der eine Aktie am Tag der Hauptversammlung in seinem Depot hat, kommt in den Genuss ihrer Dividende.

Am Tag nach der Dividendenausschüttung sinkt der Aktienkurs um einen der Dividende entsprechenden Betrag.

Ich möchte dir nun die wichtigsten ursächlichen Faktoren für die Entwicklung der Aktienkurse erklären:

Der Aktienkurs wird durch das Verhältnis von Angebot und Nachfrage bestimmt. Eine steigende Nachfrage hat eine positive, eine sinkende Nachfrage eine negative Wirkung auf den Aktienkurs. Hierbei spielt die wirtschaftliche Konjunktur eine Hauptrolle. Diese verläuft wellenförmig:

Konjunkturaufschwung, Hochkonjunktur,

Konjunkturabschwung und wirtschaftliche Rezession. In den Phasen von Konjunkturaufschwung und Hochkonjunktur können die Anleger aufgrund ihres steigenden Einkommens mehr Aktien kaufen; die Aktienkurse steigen. In den Phasen von Konjunkturabschwung und Rezession können die Anleger weniger Geld für Aktien ausgeben; die Aktienkurse sinken.

Ein wichtiger ursächlicher Faktor für steigende Kurse ist ein sinkender Ölpreis. Da die Anleger weniger Geld für Energiekosten (Benzin, Heizöl) ausgeben müssen, können sie mehr Aktien kaufen.

Ein wichtiger ursächlicher Faktor für fallende Kurse ist ein Zinsanstieg der festverzinslichen Wertpapiere. Die Anleger kaufen in diesem Fall mehr festverzinsliche Wertpapiere, haben daher weniger finanzielle Mittel für Aktienkäufe.

Du hast nun das kleine Einmaleins der Börse gelernt. Wie leicht es ist, mit Aktien viel Geld zu verdienen, ergibt sich aus der Tatsache, dass du dafür außer diesem kleinen Einmaleins nur noch die Kenntnis der erfolgreichsten Aktienstrategien benötigst. Diese werde

ich dir in meinem nächsten Brief vorstellen.
Ich erzähle dir zum Schluss noch einige Anekdoten über Carl Fürstenberg:
Herr A., ein Neureicher mit einem umgekehrt proportionalen Verhältnis von Vermögen und Intelligenz, erkundigte sich regelmässig bei Fürstenberg nach Börsentipps. Erstaunlicherweise tat er jedoch stets das Gegenteil von dem, wozu der Bankier ihm riet. Deshalb hatte er an der Börse wenig Erfolg und noch weniger Ansehen. Als er wieder einmal 'einen heißen Tipp' haben wollte, sagte Fürstenberg unwirsch:
"Küssen Sie mir doch den Nabel."
"Das verstehe ich nicht."
"Gerade Sie müssten das eigentlich sehr gut verstehen. Sie tun doch immer das Gegenteil von dem, was ich sage."
Eines Tages wurde Herr A. im Grunewald von der Kutsche des Bankiers überholt. Da er dringend einen Börsentipp benötigte, lief er schnaufend hinter der Kutsche her. Als er sie schliesslich eingeholt hatte, keuchte er:
"Ich habe doch laut nach Ihnen gerufen."
"Sie haben eben keinen guten Ruf."

Ein anderes Mal begegnete Herr A. dem Bankier vor der Börse, als dieser in seine Kutsche stieg.

"Können wir nicht zusammen fahren?" fragte er.

"Schon beim bloßen Gedanken daran fahre ich zusammen", rief Fürstenberg ihm aus der anrollenden Kutsche zu.

Herr G., ein Mitglied der Berliner Börse erhielt von einem völlig unbedeutenden Zwergstaat den Titel 'Generalkonsul'. Er legte größten Wert darauf, stets mit diesem Titel angesprochen zu werden. Auf einem Empfang in Fürstenbergs Bank kam es zu einer Begegnung zwischen Herr A., dem Börsianer mit dem schlechtesten Ruf und Herr G., dem Börsianer mit dem höchsten Titel, der neben Fürstenberg stand. Herr A. hob sein Champagnerglas und sagte mit verehrungsvoller Stimme:

"Ich gestatte mir, einen kräftigen Schluck auf Ihr Wohl zu trinken, Herr Konsul."

"Sie verstehen aber auch gar nichts", sagte Fürstenberg mit einem ironischen Lächeln. "Julius Cäsar war nur Konsul. Herr G. ist Generalkonsul."

Die besten ETF Strategien

Liebe Laura,

der Kabarettist Herbert Bonnewitz hatte bei einer Prunksitzung des Mainzer Karnevals einen großen Heiterkeitserfolg mit seinem Satz:
"Gnädige Frau, wo lassen Sie denken?" Bezüglich der Aktienspekulation solltest du keine Hemmungen haben, die Börsenprofis der Banken für dich denken zu lassen. Es ist besser, mit ihrer Hilfe grosse Gewinne zu machen, als selbst mit weniger Erfolg an der Börse zu spekulieren. Ich werde dir anschließend die drei besten Aktienstrategien vorstellen, damit du weißt, auf welche Weise deine zukünftigen Börsengewinne entstehen. Die mit einem erheblichen Zeit- und Arbeitsaufwand verbundene Aktienauswahl unter Berücksichtigung der drei besten Strategien kannst du getrost den Börsenspezialisten der Banken überlassen.
Die von Benjamin Graham entwickelte **'Valuestrategie'** beruht auf folgender Überlegung:
Wenn der Börsenwert einer Aktie niedriger ist als ihr wirklicher Wert, wird

diese Aktie mittelfristig aufgrund der von den Anlegern entdeckten Unterbewertung zunehmend gekauft, wodurch ihr Kurs steigt. Wegen der bereits vorhandenen Unterbewertung ist das Risiko eines Kursverlustes bei Valueaktien geringer als bei Aktien, deren Börsenwert dem wirklichen Wert entspricht beziehungsweise über dem wirklichen Wert liegt. Valueaktien haben also eine gute Kurschance und gleichzeitig ein geringes Kursverlustrisiko.

Der MSCI EMU Value bildet die Wertentwicklung von unterbewerteten europäischen Unternehmen ab. Der MSCI EMU Value stieg in den Jahren 1997 bis 2009 um 95,2 %, während der MSCI EMU nur um 51,5% stieg. Die Überlegenheit der Value Strategie wird durch die um 43,7 % höhere Wertentwicklung eindrucksvoll bestätigt.

Ich empfehle dir daher, einen auf der Valuestrategie basierenden ETF zu kaufen, z. Bsp:

DEKA STOXX EUROPE STRONG VALUE 20 UCITS ETF-EUR DIS
ISIN DE000ETFL045
Kursanstieg innerhalb der letzten 10 Jahre: 130 %

Alle Kursanstiege wurden am 25.5.2019 ermittelt (Quelle: www.onvista.de)

Die von Benjamin Graham entwickelte **'Dividendenstrategie'** beruht auf folgender Überlegung: Da sich die Gesamtrendite einer Aktie aus dem Kursgewinn und der Dividende zusammensetzt, müssen Aktien, die eine hohe Dividende ausschütten, auch eine überdurchschnittliche Gesamtrendite haben. Man unterscheidet bei der Dividendenstrategie zwei Varianten:

1. Die Top 10 Strategie.

Sie besteht darin, jeweils am Beginn des Jahres die 10 Aktien eines Index mit der höchsten Dividendenrendite zu kaufen und dann 1 Jahr lang im Depot zu lassen.

2. Die Low 5 Strategie.

Dabei werden von den 10 Aktien mit der höchsten Dividendenrendite nur die 5 Aktien mit dem niedrigsten Kurswert gekauft und für ein Jahr im Depot gehalten. Der so genannte Divdax ist ein Index der 15 DAX Aktien mit der höchsten Dividendenausschüttung. Zwischen 2000 und 2011 übertraf dieWertentwicklung des DivDax den Dax um 45 %.

Ich empfehle dir daher, einen auf der Dividendenstrategie basierenden ETF zu

kaufen, z. Bsp.
XTRACKERS STOXX GLOBAL SELECT DIVIDEND 100 SWAP UCITS ETF
ISIN LU0292096186
Kursanstieg innerhalb der letzten 10 Jahre: 209 %
Das Prinzip der '**Momentumstrategie**' besteht darin, Aktien zu kaufen, die bereits einen Aufwärtstrend ausgebildet haben. Diesen Aufwärtstrend erkennt man daran, dass der Aktienkurs in den letzten sechs Monaten überdurchschnittlich gestiegen ist. Die Strategie basiert auf folgender Überlegung:
Entwickelte sich der Kurs einer Aktie in der Vergangenheit überdurchschnittlich gut, setzt sich diese Kursentwicklung mit hoher Wahrscheinlichkeit in nächster Zukunft fort. Hat eine Aktie erst einmal Fahrt aufgenommen, ist sie nicht mehr so schnell zu bremsen. Anleger, die auf den fahrenden Zug springen, machen den Kurs zu einem 'Selbstläufer'. Diese Eigendynamik einer Aktie wird als 'Momentum' bezeichnet.
Die Effektivität dieser 'Momentumstrategie' wurde durch Berechnungen der Universität Mannheim bewiesen: Mit

dieser Strategie können Renditen erzielt werden, die bis zu 10 % über der Durchschnittsrendite des Index liegen. Damit bestätigt diese Methode den alten Spruch britischer Börsenspekulanten:
'The trend is your friend.'
Ich empfehle dir daher, einen auf der Momentumstrategie basierenden ETF zu kaufen, z. Bsp.
XTRACKERS MSCI WORLD MOMENTUM UCITS ETF – 1C USD ACC
ISIN IE00BL25JP72
Kursanstieg innerhalb der letzten 3 Jahre: 56 %
ETFs erzielen meistens eine höhere Rendite als durch Fondsmanager verwaltete Fonds. Letztere empfehle ich dir nur unter folgenden Bedingungen:
1. Du solltest nur Fonds kaufen, die in Euro gehandelt werden, da bei Fonds in Fremdwährungen ein Währungsrisiko besteht.
2. Du solltest nur Fonds mit einem 'Sicherheitsnetz' kaufen. Hierbei handelt es sich um Mischfonds, die nicht nur Aktien enthalten sondern (als Sicherheitsnetz) auch sichere Anleihen.
3. Der Fonds sollte an der Börse gegehandelt werden. Wenn du einen aktiv

verwalteten Fonds bei der Bank kaufst, musst du einen 'Ausgabeaufschlag' zahlen (bis zu 5 %). Dieser entfällt beim Kauf an der Börse. Börsengehandelte Fonds haben einen weiteren Vorteil: Die Kapitalanlagegesellschaft kann die Rücknahme des Fonds aussetzen, wenn außergewöhnliche Umstände eine Aussetzung erforderlich machen. In diesem Fall kannst du den Fonds über die Börse verkaufen.

4. Mindestens eine der großen Ratingagenturen sollte dem Fonds eine überdurchschnittliche Qualität bescheinigen. Die beste beziehungsweise schlechteste Bewertung (in Klammern): Morningstar 5 Sterne (1 Stern), Scope A (E), Eurofonds 1 (5), Feri A (E), Lipper Leaders 5 (1), Standard & Poors Platinum (Grading removed).

Bezüglich der Rendite ist folgendes zu berücksichtigen: Der beim Verkauf eines Fonds erzielte Kursgewinn ist in der Schweiz bei Einhaltung einer Spekulationsfrist steuerfrei. In Deutschland und Oesterreich wird jedoch eine Steuer vom Kursgewinn abgezogen.

Nachfolgend empfehle ich dir drei Fonds, welche diese vier Bedingungen

erfüllen.
KEPLER VORSORGE MIXFONDS - EUR DIS
ISIN AT0000969787
Kursanstieg innerhalb der letzten 10 Jahre: 116 %
ACATIS GANE VALUE EVENT FONDS - A EU
ISIN DE000A0X7541
Kursanstieg innerhalb der letzten 10 Jahre: 128 %
INVESCO PAN EUROPEAN HIGH INCOME FUND
ISIN LU0243957312
Kursanstieg innerhalb der letzten 10 Jahre: 164 %
Ich rate dir, am Jahresende über deine Bank denjenigen Fonds an die Kapitalanlagegesellschaft zurückzugeben, der seit dem Kauf die geringste Rendite erzielte. Hierdurch erhöht sich die durchschnittliche Rendite der im Depot verbleibenden Fonds.
Ich empfehle dir, einen Teil der durch ETFs und Fonds erzielten Gewinne für den Kauf von hochrentablen Aktienfonds zu verwenden (Berechnung des entsprechenden Gewinnanteils in % = 100 minus Lebensalter), z. Bsp.

ISHARES MDAX(DE) UCITS ETF-EUR ACC
ISIN DE0005933923
Kursanstieg innerhalb der letzten 10 Jahre: 301 %
FRANKLIN TECHNOLOGY FUND - A EUR ACC
ISIN LU0260870158
Kursanstieg innerhalb der letzten 10 Jahre: 535 %
Zum Schluss erzähle ich dir einige Anekdoten über Carl Fürstenberg:
Der Bankier war ein Pünktlichkeitsfanatiker. In Berlin kursierte das Gerücht:
'Die Kutsche Fürstenbergs fährt jeden Morgen um 9 Uhr durch das Brandenburger Tor.'
Dieses Gerücht drang bis an die Ohren des Kaisers, der nach dem Motto lebte:
'Pünktlichkeit ist die Höflichkeit der Könige.'
Eines Morgens begegneten sich die Kutschen beider am Brandenburger Tor. Der Kaiser grüßte Fürstenberg, den er durch viele Empfänge am Hof kannte, mit einem huldvollen Winken. Danach zog er seine Taschenuhr heraus, um die Pünktlichkeit des Bankiers zu überprüfen. Diese war jedoch stehen geblieben. Er

stellte sie auf 9 Uhr. Als um 12 Uhr die Glocke der Nikolaikirche zu schlagen begann, zog er die Uhr aus seiner Tasche. Beide Zeiger standen auf der Ziffer 12.

Der Pünktlichkeitsfanatiker Fürstenberg kam ziemlich ins Schwitzen, als seine Kutsche auf der Fahrt zu einer Autorenlesung im Hotel Adlon in einen Stau geriet. Als er eintraf, sah er am Eingang mehrere Männer, die sich unterhielten.

"Psst, sprechen Sie bitte leiser, meine Herren", sagte er. "Sie sehen doch: ein Teil der Zuhörer schläft bereits."

Bei dem nach der Lesung stattfindenden Stehempfang fragte ihn ein Geheimrat, welchen Eindruck er von der Lesung des französischen Schriftstellers Jules Huret habe. Dieser hatte in wenigen Monaten Bücher über mehrer europäische Hauptstädte veröffentlicht.

"Da er ständig unter Zeitdruck schreibt, neigt er zu Verallgemeinerungen. Er schreibt zum Beispiel, dass die Berlinerinnen groß und rothaarig sind und sehr kurze Röcke tragen, wenn er am Ausgang des Bahnhofs Friedrichstrasse eine solche 'Dame' stehen sah."

Grundfehler der Aktionäre

Liebe Laura,

bevor du in die Börsenspekulation einsteigst, muss ich dich vor den häufigsten Fehlern warnen, die von den Aktionären gemacht werden. Ich habe dir ja bereits das Sicherheitsnetz der 7 goldenen Regeln vorgestellt. Diese werden leider von den meisten Aktionären nicht beachtet.
Bei einer boomenden Börse tendieren die Börsianer zu einer Übergewichtung des Aktienanteils in ihrem Wertpapierdepot. Dies geschieht entweder aus Unwissenheit, da ihnen die Formel 'Aktienanteil in % = 100 minus Lebensalter' nicht bekannt ist oder unter bewusster Missachtung dieser Formel.
Eine häufige Börsenfalle sind 'todsichere' Geheimtipps. Hier besteht die Gefahr, dass andere Aktien verkauft werden, um möglichst viel Kapital auf die eine Karte des todsicheren Geheimtipps setzen zu können. Wenn sich die Geheimtipp-Aktie als Flop erweist, bedeutet dies einen erheblichen Verlust für den Anleger.
Nur wenige Aktionäre schichten ihre Aktiengewinne in sichere Wertpapiere

um. Sie lassen sich von der drohenden Renditeverminderung bei einer Umschichtung in sichere Wertpapiere abschrecken, ohne zu begreifen, dass diese Renditekürzung der unumgängliche Preis für die Sicherstellung ihrer Aktiengewinne ist.

Die antizyklische Strategie besteht darin, bei sinkenden Kursen zu kaufen und bei steigenden Kursen zu verkaufen. Da der Börsianer dem Herdentrieb folgt, fällt es ihm schwer, bei steigenden Kursen zu verkaufen. Wenn alle kaufen, weshalb sollte er dann gegen den Strom schwimmen und verkaufen?

Es gibt jedoch ein Verhalten, das ihm noch viel schwerer fällt: eine Aktie zu verkaufen, deren Kurs unter den Kaufpreis gefallen ist. Dies bedeutet nämlich das Eingeständnis, dass der Aktienkauf ein Fehler war. Da niemand gern eingesteht, einen Fehler begangen zu haben, legt sich der Börsianer verschiedene Argumente zurecht, um die Aktie nicht verkaufen zu müssen, zum Beispiel:

'Die Börse hat sich geirrt und wird diesen Irrtum wieder korrigieren.'

Im Regelfall hat sich nicht die Börse geirrt sondern der Spekulant. Ein weiteres

Argument:
'Es handelt sich um eine vorübergehende Kursschwäche, die schon bald wieder durch einen Kursanstieg ausgeglichen wird.'
Da es bei einem sinkenden Aktienkurs manchmal auch zu leichten Kurserholungen kommt, wird die Hoffnung auf einen Verlustausgleich durch diese leichten Kurserholungen immer wieder aufs neue geweckt. So sinkt der Aktienkurs, von immer neuen Hoffnungen des Börsianers auf einen Verlustausgleich begleitet, auf immer neue Tiefstände. Ein weiteres Argument:
'Solange ich die Aktie nicht verkaufe, handelt es sich nur um einen Buchverlust auf dem Papier. Erst durch den Verkauf wird aus dem Buchverlust ein realer Verlust.'
Wer eine unter den Kaufkurs gefallene Aktie nicht verkauft, fügt sich einen doppelten Schaden zu: Erstens durch den Kursverlust dieser Aktie und zweitens durch den entgangenen Gewinn, welchen er gemacht hätte, wenn er die Aktie frühzeitig verkauft und in eine gewinnbringende Aktie umgeschichtet hätte.
Wenn eine Aktie 10 - 15 % unter den

Kaufkurs fällt, empfehle ich dir, die Aktie zu verkaufen. Wie schwer dies ist, beschreibt Altmeister Kostolany in seinem Buch 'Geld, das große Abenteuer':

'Das Schwierigste ist, an der Börse einen Verlust resignierend hinzunehmen. Es ist ein chirurgischer Eingriff. Man muss den Arm amputieren, bevor sich die Vergiftung ausbreitet, je früher desto besser. Dies ist schwer und unter 100 Menschen gibt es nur einen, der imstande ist, so zu handeln.'

Du siehst, wie schwer es dem Börsianer fällt, eine unter den Kaufkurs gesunkene Aktie zu verkaufen. Es gibt jedoch ein Verhalten, das ihm noch viel schwerer fällt: sinkende Aktien zu kaufen. Nur wenige haben die psychische Kraft, zu kaufen, wenn sich der gesamte Aktienmarkt im Sturzflug befindet. Auch hier erweist sich der Herdentrieb als größtes Hindernis. Wenn der Ruf "Feuer" ertönt und alle Aktionäre zum Börsenausgang stürzen, muss man schon die stahlharten Nerven eines **Warren Buffett** haben, um in der Börse zu bleiben und die von den 'zittrigen Händen' in panischer Angst auf den Markt geworfenen Aktien sehr

billig aufzukaufen.
Altmeister Kostolany beschreibt das Auf und Ab an der Börse folgendermaßen:
Die Börsenprofis ('starke Hände') kaufen ihre Aktien bei einem Börsencrash zu Tiefstpreisen. Der auf den Crash folgende Börsenboom lockt zunehmend Amateure ('zittrige Hände') an die Börse. Diesen Amateuren verkaufen die Börsenprofis ihre Aktien während der Hausse zu Höchstpreisen. Der auf die Hausse folgende Börsencrash versetzt die Amateure in Panik. Sie verkaufen ihre Aktien, die sie zu Höchstpreisen bei den Börsenprofis gekauft haben, wieder an die 'starken Hände', diesmal jedoch zu Tiefstpreisen. Danach beginnt das Spiel von vorn, bei dem die Amateure immer verlieren, indem sie die Gewinne der Profis bezahlen, welche stets die Profiteure sind.
Abschließend erzähle ich dir die Geschichte eines Mannes, dem die Panik der Aktionäre zu seinem größten Börsencoup verhalf. Nathan Rothschild kaufte Kriegsanleihen, mit denen der Kampf Englands gegen Napoleon finananziert wurde.
Am 18. Juni 1815 kam es bei Waterloo

zur Entscheidungsschlacht zwischen Napoleons Truppen und den Heeren der Verbündeten England und Preußen. Man vermutet, dass Rothschild Brieftauben eingesetzt hat, die von einem belgischen Agenten mit der Siegesnachricht zu ihm nach London geschickt wurden. Er fuhr sofort zur Börse und verkaufte mit einem zutiefst deprimierten Gesichtsausdruck eine große Zahl der englischen Kriegsanleihen. Von Panik ergriffen folgten die Börsianer seinem Beispiel und stießen ihre Kriegsanleihen ab, deren Kurs innerhalb von Stunden in den Keller stürzte. Dort wurden sie von Strohmännern des Bankiers aufgekauft. Wenige Stunden später führte die Nachricht von der Niederlage Napoleons zu einem Kursfeuerwerk an der Londoner Börse. Größter Gewinner des Tages war Nathan Rothschild, dem die Panik der Börsianer den stattlichen Gewinn von 1 Million Pfund beschert hatte.

Vom gleichen Autor

Costanza, Wolfgang Italienisch in 10
Tagen -
Sprachkurs mit
einer neuen
Methode
2010
BoD Verlag

Constance, Wolfgang Englisch in 10
Tagen
2012

Französisch in 10
Tagen
2014

Spanisch in 10
Tagen
2014

Literaturempfehlung

Fürstenberg, Hans   Carl Fürstenberg
Anekdoten
1984
Econ Verlag